Storia letteraria tedesca per principianti

Un viaggio emozionante e divertente attraverso la letteratura tedesca dal Medioevo ai giorni nostri.

Christian Möhlenkamp

CONTENUTO

Cosa può aspettarsi da questo libro

Questo libro si rivolge ai lettori che cercano un'introduzione alla confusa diversità della letteratura tedesca. L'ordine cronologico scelto è il più adatto a questo scopo perché, a differenza dei metodi di ordinamento orientati ai temi o ai generi, mostra una genesi e traccia la genealogia della letteratura tedesca. Il fatto che il romanzo di Goethe *Wilhelm Meisters Lehrjahre* molto probabilmente sarebbe stato completamente diverso senza il *Simplicissimus* di Hans Jakob Christoffel von Grimmelshausen può essere mostrato in modo più semplice ed efficace nel contesto di un viaggio nel tempo presentato cronologicamente. E questo è solo uno dei tanti esempi, soprattutto nel campo della poesia, dove se ne potrebbero trovare molti altri.

Così si potrebbe specificare: Il libro si rivolge ai lettori che desiderano intraprendere il lungo ed emozionante viaggio attraverso il mondo delle parole, come eroi della propria storia evolutiva, per così dire, nel corso della quale acquisiscono una visione d'insieme sempre migliore e infine raggiungono un punto in cui è più facile per loro scegliere tra l'abbondanza di opere quelle che li interessano veramente.

Gli autori presentati come esempi nella seconda parte possono servire come antipasto; possono certamente essere considerati rappresentativi della letteratura tedesca. Le opere di Schiller piaceranno soprattutto a coloro che sono entusiasti di opere teatrali perfettamente formate, tematicamente complesse e linguisticamente belle o di ballate di proporzioni quasi epiche, mentre i testi di Rilke piaceranno di più a chi ama le poesie dalla forma metrica o i cicli di poesie che lavorano con numerosi riferimenti intertestuali e interculturali o a chi è interessato a una letteratura sensibile e rivolta verso l'interno, come *Gli appunti di Malte Laurids Brigge* e *Lettere a un giovane poeta*. Il ponte verso il presente viene poi costruito con Daniel Kehlmann, i cui romanzi hanno ottenuto un successo mondiale e sono la prova che il mondo di lingua tedesca è anche intensamente impegnato con le letterature di altre regioni culturali.

"Chi sa leggere possiede la chiave per grandi azioni, per possibilità inimmaginabili", disse una volta Aldous Huxley. Questo libro si propone di aprirle alcune di queste possibilità.

Storia letteraria tedesca

Dagli *incantesimi di Merseburg* alle complesse opere postmoderne come *153 Forme del Non-Essere* di Slata Roschal, pubblicato nel 2022: la letteratura tedesca ha molto da offrire, e questa quantità deve essere attraversata pezzo per pezzo, si tratta di prepararsi per una camminata di parole che riguarda la resistenza e non la velocità.

A causa della sua lunghezza, questo libro è una parforcazione della storia letteraria tedesca, ma può servire come primo punto di riferimento e guida. Partendo dalle tradizioni arcaiche del primo Medioevo, traccerà un arco attraverso la tradizione letteraria cortese dell'Alto Medioevo e del Barocco, i testi scatenati dell'Illuminismo, l'intensità dello Sturm und Drang, la diversità letteraria del XIX e dell'inizio del XX secolo fino ai giorni nostri.

MEDIOEVO

> "bên zi bêna, bluot zi bluoda,
> lid zi geliden, sôse gelîmida sîn".

Questo è forse il passaggio più famoso dei *Detti Magici di Merseburg, che sono* una delle poche testimonianze in lingua antico-alto-tedesca sopravvissute. Se si traducono le formazioni di parole apparentemente straniere in tedesco moderno, si ottiene quanto segue:

> "Gamba a gamba, sangue a sangue,
> arto a arto, come saranno incollati!".

Questa traduzione da un'antologia praghese di poesia tedesca rende evidente quanto la lingua si sia spostata nel frattempo, quale distanza ci sia tra noi e un testo che è stato scritto prima dell'anno 1000. I due incantesimi, che prendono il nome dal luogo della loro scoperta in una biblioteca ecclesiastica di Merseburg, erano destinati ad un uso pratico; il secondo, ad esempio, da cui sono citati gli ultimi versi, doveva essere usato per chiedere agli dei di guarire un cavallo. La tradizione germanica gioca un ruolo importante in questo caso; le tendenze panteistiche, in particolare, erano ancora diffuse nonostante la cristianizzazione.

La storia poco chiara della trasmissione degli incantesimi, la loro origine incerta, persino l'ambiguità sull'area linguistica dialettale da cui provengono: Tutto questo esemplifica i problemi che gli studi medievali, la scienza dei testi medievali, devono affrontare. Anche a partire dal periodo di massimo splendore della letteratura alto-medievale, che comprende i secoli XIII e XIV, sono sopravvissuti solo pochi manoscritti, e in questi ci sono spesso duplicazioni, per cui non è raro trovare quattro o cinque versioni diverse di uno stesso testo, il che comporta il compito di modificarle in modo appropriato.

Più si va avanti nel tempo, più la selezione di testi sopravvissuti diventa varia. Sarebbe impossibile suddividere e spiegare tutti i diversi generi e categorie, quindi, a titolo di esempio, ci concentreremo su due generi che sono di immensa importanza per la letteratura tedesca: da un lato, l'epica eroica (o poesia eroica), e dall'altro, il minnesong.

In contrasto con l'epica cortese della cavalleria, l'epica eroica tedesca si basa principalmente su saghe e tradizioni germaniche. Queste venivano riprese in una forma fissa e raccontate in versi; solo i dettagli si discostavano dalla storia tradizionale, ad esempio quando si desiderava una morale diversa. È costitutivo per la comprensione dell'autore nel Medioevo il fatto che gli fosse concessa poca libertà e che il maggior riconoscimento fosse dato a coloro che imitavano meglio i grandi maestri canonizzati.

L'epica classica per eccellenza è la *Canzone dei Nibelunghi*, che nella sua forma attuale risale a un manoscritto del Medio Alto Tedesco del XIII secolo. Il materiale, tuttavia, è molto più antico e, in linea con le convenzioni del genere, è tratto dalla tradizione narrativa orale. L'ampia opera su Kriemhild di Borgogna e sull'uccisore di draghi Sigfrido non solo ha un enorme valore culturale grazie all'adattamento dell'opera di Richard Wagner, ma anche la sua influenza sull'emergere di un sentimento nazionale tedesco - con tutte le sue conseguenze fatali - mostra l'influenza formativa che questa pietra miliare letteraria ha lasciato dietro di sé.

Tuttavia, non fu solo la poesia epica più popolare a influenzare la cultura alto-medievale, ma anche la poesia di corte legata a convenzioni e idee ristrette, in particolare la minnesong. Oltre alla cosiddetta minne alta, in cui si cantava e si lodava una nobildonna e predominavano forme fisse come il canto di lode o il lamento, c'era anche la minne bassa, che si preoccupava maggiormente di trasmettere i sentimenti reali rispetto alle rigide linee guida della minne alta. D'altra parte, la minne bassa era anche fortemente orientata verso i modelli cortesi, come dimostra l'ibridazione perfettamente formata delle poesie di Walther von der Vogelweide.

Una delle canzoni più famose si trova in una lettera di una dama a un magister; si tratta di un'elaborata imitazione della poesia popolare, riprodotta di seguito nell'originale:

> "Lei è mia, io sono sua, deve esserne certa.
> Lei è stata scelta
> nel mio cuore,
> "L'anima è persa:
> Lei deve essere sempre in essa".

Poesie come questa dimostrano perché vale la pena leggere i testi medievali: perché le grandi emozioni difficilmente cambiano nel corso dei secoli, perché vengono negoziate di nuovo in ogni epoca e perché i testi che le trattano rimangono quindi senza tempo.

Con la Riforma e il nascente umanesimo, con nuove forme d'arte e di espressione e con l'invenzione della stampa da parte di Johannes Gutenberg, si inaugura una nuova era, il Rinascimento, che cambia completamente l'immagine della società. Alla sua fine, di fronte a drastici abissi, si trova il Barocco.

BAROCCO

Il 23 maggio 1618, due governatori reali e un segretario furono gettati dalla finestra del Castello di Praga. Questo segnò l'inizio della Guerra dei Trent'anni, che ebbe luogo principalmente nel territorio del Sacro Romano Impero della Nazione Tedesca e si concluse solo con la Pace di Westfalia nel 1648. Per la letteratura barocca, questo fu uno sfondo sempre presente, in cui si verificò il cambiamento della lingua letteraria dal latino al tedesco. Poeti come Paul Fleming, Andreas Gryphius, Martin Opitz o Christian Hoffmann von Hoffmannswaldau, tuttavia, erano ancora fortemente legati alla tradizione dell'élite poetica latina delle generazioni precedenti e facevano meno riferimento alla tradizione letteraria di lingua tedesca, che nei decenni precedenti tendeva a trovarsi nel volgare.

Essenziale e formativa per la poesia barocca fu la prima poetica tedesca, il *Buch von der Deutschen Poeterey del* 1624, scritto da Martin Opitz. In esso, cerca di stabilire l'indipendenza del tedesco come lingua letteraria e di contrapporlo alle lingue romanze, soprattutto al francese, che erano percepite come superiori. Opitz prende le qualità positive di coraggio, forza e modestia attribuite alla lingua tedesca dalle descrizioni di Tacito delle tribù *germaniche* nella sua *Germania*. Il suo obiettivo è quello di collocare il tedesco come lingua culturale e artistica sicura di sé, su un piano di parità con lo spagnolo, il francese e l'italiano. Un altro elemento importante della poetica normativa di Opitz è la sua proposta di un nuovo conteggio metrico che consiste in una combinazione di alternanza e accentuazione. Questo è coerente con la sua visione del tedesco come lingua naturale, poiché secondo le regole di Opitz era ora possibile per qualsiasi madrelingua con una sensibilità media per la lingua formare un verso corretto. Il

L'antico metodo di conteggio non può essere trasferito uno a uno alla lingua tedesca ed era quindi riservato agli studiosi di latino o greco.

Allo stesso tempo, gli appassionati di lingue come Philipp von Zesen e Paul Fleming stavano portando avanti lo sviluppo di una lingua tedesca unificata, poiché era ancora molto frammentaria, in linea con le confuse circostanze politiche.

Insieme all'estetica di Martin Opitz, costituirono la base della letteratura tedesca barocca.

Caratteristiche sono le contraddizioni tematiche, che si ritrovano anche nella struttura formale dei testi, dove i motivi del *memento mori, del carpe diem* e della *vanitas* erano particolarmente *prominenti. In* questo contesto, *carpe diem* e *memento mori sono* una coppia di opposti: da un lato, l'appellativo *Cogli l'attimo, che ricorda gli* insegnamenti epicurei, e dall'altro, il fatalistico-risolutivo *Considera che sei mortale,* che contrasta con il primo. Infine, la *vanitas* si concentra sulla caducità di tutto l'essere, che include anche la nullità dell'uomo. Questi motivi si riflettono in modo particolare nella poesia, in quanto le sue convenzioni formali corrispondono fortemente all'antitesi e al paradosso. La forma più popolare, il sonetto dopo Petrarca, era scritto nell'Alessandrino (seguendo Opitz o il modello francese invece dell'Endecasillabo petrarchesco), un giambo con sei sottolineature e una censura udibile dopo la terza sottolineatura. Inoltre, la divisione del sonetto in strofe di quattro e tre righe, le cosiddette quartine e terzine, crea un'ulteriore tensione che può anche essere fruttuosa in termini di contenuto. Un ottimo esempio è il seguente sonetto di Andreas Gryphius del 1637, intitolato *Es ist alles eitel*, qui riprodotto in una versione modernizzata:

"Vedete solo vanità sulla terra, ovunque guardiate.
Ciò che quest'uomo costruisce oggi, quell'uomo lo demolirà domani:
Dove ora sorgono le
città, ci sarà un prato, dove
il figlio di un pastore giocherà con le greggi.

Ciò che ora fiorisce splendidamente, presto sarà calpestato.
Ciò che ora pulsa e sfida, domani sarà cenere e ossa,
nulla è eterno, nessun minerale, nessuna pietra di marmo.
Ora la felicità ride di noi, presto i reclami tuoneranno.

La gloria delle alte azioni deve svanire
come un sogno.
Il gioco del tempo, l'uomo leggero, durerà
allora?
Ahimè! Cos'è tutto questo che riteniamo delizioso?

come ombra, polvere e vento,
come un fiore del prato che non può essere ritrovato. Né un solo
uomo considererà
ciò che è eterno!".

Già nella prima strofa diventa chiaro come può essere utilizzata in modo virtuoso la struttura antitetica dell'Alessandrino. Il motivo principale della *vanitas si rivela nella* giustapposizione di presente e futuro, che predomina nelle seconde due strofe. Il titolo vanità deve essere inteso nel suo senso letterale originale come nulla, il che rende più chiara la ricorrenza della *vanitas*.

Nella seconda strofa, Gryphius continua il pensiero, la cesura è ancora utilizzata come asse speculare. Quindi, con la rottura formale del sonetto, c'è anche una rottura nel contenuto, in quanto il poeta fa considerazioni più generali e filosofiche e, da un lato, propaga l'inevitabilità della caducità e, dall'altro, presenta un superamento fatalistico del mondo come soluzione alla sofferenza attuale. Le fatiche e gli oneri della vita terrena possono essere superati solo dall'eterno dopo la morte, come chiarisce l'ultima strofa.

L'impronta cristiana di Gryphius è un modo di trattare i motivi sopra citati; un altro si può trovare, ad esempio, nelle poesie di Hoffmannswaldau, come *Wo sind die Stunden, in* cui è evidente un approccio più laico, almeno a prima vista.

La poesia epica era un genere piuttosto secondario nel periodo barocco, ma nel 1668 apparve un romanzo che è ancora considerato una delle opere in lingua tedesca più importanti di tutti i tempi. Fu scritto da Hans Jakob Christoffel von Grimmelshausen, che nacque in Assia nel 1622 e morì otto anni dopo la pubblicazione della sua opera principale. Durante la Guerra dei Trent'anni lavorò come mercenario e dopo la guerra ebbe diverse occupazioni. La sua attività letteraria iniziò probabilmente solo 15 anni prima della sua morte, come indicano le date di pubblicazione delle sue opere. *L'abentheuerliche* Simplicissimus *Teutsch* o, abbreviato, *Simplicius Simplicissimus* è considerato uno dei primi romanzi d'avventura tedeschi e il più importante romanzo barocco. La trama in tre parti si basa sul tema principale della disillusione dell'eroe ingenuo ed è suddivisa nell'iniziazione, nel viaggio attraverso gran parte della Germania, nel corso del quale Simplicio conosce la società del suo presente, e infine nella retrospettiva delle sue esperienze nel corso della vita.

Da bambino, l'eroe del romanzo deve fuggire dalla fattoria del padre quando bande di predoni devastano la casa. Scappa nella foresta e viene accolto da un eremita cristiano che lo istruisce di conseguenza e gli insegna a leggere e scrivere. Da lui riceve anche il soprannome di Simplicio. Dopo un po', il suo mentore gli rivela che presto morirà. Poco dopo, Simplicio, il cui vero nome è Melchior Sternfels von Fuchshaim, lascia l'eremo, ma durante il viaggio viene nuovamente colpito dalla guerra e torna alla capanna dell'eremita, che gli ha lasciato una lettera in cui gli insegna i tre pilastri fondamentali di un buon stile di vita, che consistono nella conoscenza di sé, nella conoscenza del mondo e nella costanza. Dopo alcuni intrecci, Simplicio arriva alla corte del governatore svedese di Hanau, che si scopre essere suo parente. Lì, però, avviene una disillusione e un'alienazione, a seguito della quale cade in disgrazia e si riduce allo stato di sciocco. Con l'aiuto di un sacerdote, tuttavia, rimane fedele ai suoi ideali (cristiani) e continua il suo viaggio, sfuggendo più volte ai soldati nemici, prima di unirsi alle forze imperiali come giullare prima di Magdeburgo.

Fugge di nuovo da lì e finisce finalmente a Soest, dove, dopo la morte del suo padrone, diventa soldato semplice e guadagna fama e denaro come Cacciatore di Soest commettendo misfatti.

Quando sfidò due soldati a duello, fu catturato di nuovo, ma fu rilasciato dopo aver escogitato un astuto stratagemma che decise la battaglia. Dopo aver raggiunto Parigi via Colonia ed essersi arricchito due volte, essendo stato derubato nel frattempo, è nuovamente costretto ad andare in guerra. Dopo ulteriori prove e tribolazioni, incontra finalmente una persona che aveva conosciuto nelle truppe imperiali. Durante un pellegrinaggio insieme, perde di nuovo una potenziale fortuna quando rende inutile una pietra donatagli dal re degli spiriti dell'acqua, che può produrre una sorgente di guarigione, appoggiandola sul terreno. Si ritira quindi in una fattoria e, dopo qualche tempo, viene catturato dai soldati del campeggio e inviato una volta intorno al mondo da diverse coincidenze. Alla fine approda su un'isola vicino alla Spagna e scrive il suo resoconto di vita, che raggiunge la Germania attraverso un marinaio olandese, concludendo così il libro.

Questo breve riassunto dei contenuti, tuttavia, dimostra quanto possa essere esuberante e tentacolare la letteratura barocca. Il personaggio principale di Grimmelshausen sperimenta tutto e incontra tutti, e il romanzo nel suo complesso è una pietra miliare della letteratura tedesca semplicemente per la sua gioia nella sperimentazione, che nonostante tutto è legata a certe convenzioni dell'epoca o del genere.

Il Barocco, tuttavia, scomparve nell'oblio poco dopo. La ragione di ciò fu il disprezzo mostrato nei suoi confronti dall'Illuminismo e dallo Sturm und Drang.

ILLUMINISMO E STURM UND DRANG

L'ascesa della borghesia all'interno della società dei latifondi e le migliori opportunità educative cambiarono anche la letteratura: i destinatari non erano più limitati alla nobiltà e a pochi cittadini istruiti e ricchi, ma il pubblico dei lettori iniziò ad espandersi. La religione perse importanza e con essa i leitmotiv e i concetti morali cristiani che definivano il Barocco. Naturalmente, questi continuarono a svolgere un ruolo, ma subordinato. L'espressione chiara e la vicinanza alla vita o alla pratica del materiale trattato presero il posto dell'enigma e dell'immaginario fortemente marcato.

Poeti come Christian Fürchtegott Gellert con le sue favole didattiche e Johann Christoph Gottsched, la cui *poetica Versuch einer critischen Dichtkunst vor die Deutschen (Tentativo di poesia critica per i tedeschi)* del 1730 ebbe una forte influenza normativa, furono i primi rappresentanti di una letteratura illuminista. Il più importante scrittore illuminista in lingua tedesca, tuttavia, fu Gotthold Ephraim Lessing, il cui dramma più importante, *Nathan il Saggio, è un* impressionante appello alla tolleranza e alla comprensione culturale. Soprattutto la famosa Parabola dell'Anello, posta come lezione morale al centro del dramma, ne è un'impressionante testimonianza. Lessing, in contrasto con Gottsched, sosteneva una letteratura meno regolata, che agisse più all'altezza degli occhi del lettore, che non agisse in modo cattedratico, ma che ottenesse piuttosto un effetto di catarsi nella reminiscenza dell'antichità.

Non del tutto insignificante nel corso dell'Illuminismo è il fatto che il latino fu sostituito dal francese come lingua franca nelle scienze. Inoltre, la lingua della filosofia cambiò nella rispettiva lingua nazionale, il che la rese accessibile a masse più ampie di laici istruiti. I pionieri dell'Illuminismo, in Germania ovviamente soprattutto Immanuel Kant, miravano a liberare l'uomo dalla sua immaturità autoinflitta. Nel 1781, il professore di Königsberg pubblicò la sua opera principale, che rappresentò un punto di svolta nella filosofia, la *Critica della Ragion Pura, in* cui esaminò le possibilità dell'ontologia come scienza. Inoltre, tre anni dopo dichiarò che la citazione oraziana *sapere aude era il* principio guida dell'Illuminismo, che è rimasto fino ad oggi.

Così, mentre la filosofia si occupava dello sfondo teorico e discuteva questioni di principio, la letteratura si metteva al servizio di una chiara espressione intellettuale. Tuttavia, questo approccio basato sulle regole fu presto messo in discussione da giovani poeti che avrebbero fondato un proprio movimento letterario: lo Sturm und Drang.

La nuova generazione ha posto il sentimento accanto alla ragione come uno standard uguale, che è stato classificato ancora più in alto per la stessa produzione di testi. L'immaginazione e l'ingegno, l'emozione e il genio si unirono agli ideali della ragione e della chiarezza mentale per formare il terreno di coltura di un nuovo tipo di testi. Gli appelli di Johann Gottfried Herder per il riconoscimento della poesia popolare e il suo assunto che l'Illuminismo era stato troppo a lungo arrogante nei confronti della gente comune furono accolti positivamente e interiorizzati dai colleghi poeti. Le opere dei primi Goethe e Schiller, ad esempio, furono modellate sul suo esempio.

Sia *Die Leiden des jungen Werther (I dolori del giovane Werther), il romanzo* epistolare di Goethe sull'omonimo protagonista infelice e innamorato, sia *Die Räuber (I ladri)* di Friedrich Schiller, alla cui prima a Mannheim nel 1781 si svolsero scene indescrivibili, sono testimonianze impressionanti della potenza e della passione che lo Sturm und Drang portò con sé. Con la sua enfasi proto-romantica sull'emozione, quest'epoca rappresenta una svolta decisiva nella storia letteraria tedesca, che fino ad allora aveva portato alla ribalta l'individuo solo sporadicamente. Anche Goethe e Schiller pubblicarono poesie importanti in questo periodo, molte delle quali sono diventate canonizzate e si possono trovare in innumerevoli compilazioni delle poesie tedesche più famose o popolari. Nel caso di Schiller, va evidenziato l'Inno *alla Gioia*, che ha fornito il testo per il finale della Nona Sinfonia di Ludwig van Beethoven, in seguito designato come inno europeo. Nel caso di Goethe, è soprattutto la poesia *Willkommen und Abschied (Benvenuto e addio) ad essere* impressa nella memoria collettiva.

Entrambi gli autori fondarono l'epoca del Classicismo di Weimar, che pose fine allo Sturm und Drang e si concentrò in modo insolitamente forte su un luogo geografico come suo centro.

CLASSICO

Il periodo classico, spesso indicato come periodo di *Weimar,* può essere diviso in due periodi: In senso stretto, si riferisce all'intensa corrispondenza tra Friedrich Schiller e Johann Wolfgang von Goethe, che iniziò con il loro scambio di lettere nel 1794 e terminò con la morte di Schiller nel 1805. Se adottiamo una visione più ampia (e la estendiamo per includere il lavoro letterario degli autori Wieland e Herder, che non erano direttamente collegati ai due poeti nazionali tedeschi), possiamo datarla tra il primo viaggio di Goethe in Italia nel 1786 e la sua morte 46 anni dopo. Un importante punto di riferimento per questa corrente letteraria fu lo storico dell'arte tedesco Johann Joachim Winckelmann, che scrisse due scritti sull'antichità greca e romana nella seconda metà del XVIII secolo.

Secondo lui, la qualità dell'antichità occidentale consisteva in qualcosa che cercò di descrivere con la coppia di termini *nobile semplicità, tranquilla grandezza*. Questa affermazione, intesa come una massima dai poeti classici, si adattava alla tendenza della letteratura tedesca a costruire ponti tra la nobiltà e la borghesia, che aveva sviluppato a partire dall'Illuminismo. Attraverso vari eventi, i quattro grandi poeti si trasferirono a Weimar uno dopo l'altro; l'ultimo ad arrivare nel 1799 fu Friedrich Schiller, che a quel punto era già legato a Goethe da un'intima amicizia.

La parola chiave più importante in relazione alla creatività letteraria dell'epoca è armonia o, espressa in termini processuali, armonizzazione. Prendendo spunto dall'ideale antico, l'unità di contenuto e forma divenne l'obiettivo più importante, il che significò un arretramento dopo le epoche espansive dell'Illuminismo e dello Sturm und Drang. Ciò fu dovuto, tra l'altro, al fallimento della Rivoluzione francese, che fu una delusione per molti artisti, non solo nella letteratura, ma anche per compositori come Ludwig van Beethoven. In contrasto con questi tempi turbolenti, il programma culturale dei letterati classici mira a raggiungere un'educazione di livello e una formazione estetica dei cittadini verso l'ideale illuminato e umanistico. Questo è evidente, ad esempio, nel poema di Schiller "Die Bürgschaft", di cui leggerà alcuni estratti più avanti in questo libro.

Durante il periodo classico, si può osservare un ritorno alla forma drammatica antica, soprattutto in Goethe e Schiller, le cui tre unità di luogo, tempo e azione servirono entrambe da modello.

Anche le forme metriche si avvicinarono a un ideale strettamente regolamentato, le cui espressioni più squisite si trovano, tra l'altro, nel dramma in versi bianchi *Iphigenie auf Tauris* di Goethe. Schiller, che spesso trovava la sua ispirazione nel materiale storico, scrisse in questo periodo, tra gli altri, La *Pulzella d'Orleans, Guglielmo Tell e* il suo dramma sull'ereditiera scozzese Maria Stuarda. Wieland e Herder, che erano un po' distanti dal duo Goethe/Schiller a livello personale, pubblicarono molti scritti teorici (Herder) e romanzi (Wieland) che operavano su materiale antico.

Può essere considerato contraddittorio che Goethe continuasse a trattare il suo opus magnum *Faust in* questo periodo, le cui due parti furono pubblicate a distanza di 24 anni l'una dall'altra, nel 1808 e nel 1832. Tuttavia, poiché quest'opera si erge comunque come un monolite nella storia letteraria tedesca, è forse meno sorprendente di quanto possa sembrare che Goethe abbia rinunciato ai suoi ideali antichi autoimposti nel *Faust.*

Poiché il periodo classico era così limitato tematicamente e spazialmente, è chiaro che alcuni poeti importanti non vi parteciparono. L'esempio più importante è Heinrich von Kleist, che era tenuto in scarsa considerazione da Goethe e la cui opera poetica non può essere assegnata né al periodo classico né al nascente periodo romantico. Sebbene riprenda spesso materiale antico nelle sue opere teatrali e aderisca anche alle linee guida stilistiche formulate da Aristotele nella sua *Poetica*, Kleist è più interessato agli aspetti abissali ed estremi dell'esistenza umana.

Nello stesso momento in cui Schiller e Goethe si immergevano in materiale antico e Kleist creava le sue storie e i suoi drammi artistici lontano dalla vita letteraria, stava emergendo un nuovo movimento letterario che aveva alcuni punti di connessione con lo Sturm und Drang, ma era comunque una grande innovazione: il Romanticismo.

ROMANTICISMO

"La poesia romantica è una poesia universale progressiva. [...] La poesia romantica è ancora in divenire; anzi, questa è la sua stessa essenza, che può solo diventare, mai essere completata. Non può essere esaurita da nessuna teoria [...]".

Questo tentativo di definizione romantica della poetica proviene da Friedrich Schlegel, uno dei pionieri del Romanticismo tedesco e del Romanticismo in generale. Accenna già alle preoccupazioni essenziali del Romanticismo, in particolare l'aspirazione a mettere in armonia l'uomo e la natura, nonché l'anima e lo spirito, che si riflette nel concetto di *poesia universale progressiva*. Degna di nota è anche l'affermazione nella seconda parte della citazione che la "poesia romantica" non può essere completata. Da un lato, i processi di alienazione tra l'uomo e la natura, già avvertiti alle soglie del XIX secolo, diventano chiari qui, poiché l'unione desiderata non può essere raggiunta; dall'altro, Schlegel si oppone esplicitamente al primato dell'uomo guidato puramente dalla ragione, attribuendo alla poesia romantica il fatto che non può essere teorizzata. Questo rivela lo spirito del Romanticismo come un esplicito movimento contrario all'Illuminismo, affiancato dai voli di fantasia intellettuale di Johann Gottlieb Fichte e Friedrich Wilhelm Schelling, ossia la filosofia idealista.

Sullo sfondo della Rivoluzione francese, del tumulto bellico napoleonico e infine del Congresso di Vienna del 1815, si sviluppò un movimento artistico che abbracciava tutti i generi artistici, dalla letteratura alla musica alla pittura, ed era dedicato alla fantasia e all'irrazionale, entusiasta degli abissi mentali dell'uomo quanto del Medioevo come stato ideale idealizzato. Dal punto di vista sociale, questo era accompagnato da un rifiuto delle abitudini di vita borghesi.

Un'importante corrente sotterranea è il cosiddetto Romanticismo Nero, che ha approfondito il fascino già esistente dei romantici per il morboso e il perturbante, rendendolo il tema principale dei loro testi. Motivi come l'incubo o il doppelganger, che consente una riflessione sul sé e quindi fa già riferimento a Freud (nell'interpretazione del doppelganger come confronto tra l'ego e il suo id), hanno determinato i testi di poeti come E. T. A. Hoffmann.

Può essere considerato il più importante rappresentante tedesco del Romanticismo Nero; le sue opere come *L'uomo della sabbia* o *Gli elisir del diavolo* furono accolte bene anche all'estero, soprattutto in Russia e in Francia, e influenzarono poeti importanti come Gogol, Dostoievski o Poe.

I generi più importanti del Romanticismo erano la poesia epica e la poesia lirica; il dramma non veniva quasi utilizzato, in quanto era ritenuto troppo condizionato da regole antiche e rigide. Le poesie e i racconti erano considerati più adatti a ritrarre le emozioni e quindi a seguire l'ideale romantico. L'emozione più frequentemente tematizzata era il desiderio, che si cercava di catturare con immagini corrispondenti. La seguente poesia di Joseph von Eichendorff utilizza il famoso simbolo del fiore blu, che fu usato per la prima volta da Novalis nel suo frammento di romanzo *Heinrich von Ofterdingen*:

> "Cerco il fiore blu, lo
> cerco e non lo trovo mai,
> sogno che nel fiore sbocci
> la mia fortuna.
>
> Vago con la mia arpa
> attraverso Paesi, città e prati, ma
> in nessun luogo vedo il
> fiore blu.
>
> Ho vagato a lungo, ho
> sperato a lungo, ho
> confidato,
> ma da nessuna parte ho
> visto il fiore blu".

Da un lato, il fiore blu viene utilizzato nel suo significato come simbolo di desiderio, ma dall'altro Eichendorff riflette sulla funzione di questo dispositivo stilistico. Il simbolo del desiderio non può essere trovato e il trattamento poetico da solo non solleva la sensazione di oppressione.

In questo modo, egli punta già oltre il periodo romantico, che stava lentamente volgendo al termine, poiché la situazione politica in Germania diventava di nuovo più instabile e c'era qualcosa di nuovo nell'aria, che veniva elaborato anche nella letteratura da autori come Georg Büchner, soprattutto nel periodo Vormärz.

Heinrich Heine, le cui poesie e opere saggistiche hanno reso il linguaggio quotidiano capace di arte, è considerato il superamento del Romanticismo.

Saltiamo i tempi turbolenti della rivoluzione del 1848 e ci spostiamo verso il realismo e il naturalismo.

REALISMO/NATURALISMO

Storicamente, il realismo è dovuto a un cambiamento di umore dopo il fallimento della rivoluzione. La borghesia di mentalità liberale, che aveva costituito la maggior parte dei rivoluzionari, si trovò di fronte al crollo dell'idealismo, la corrente filosofica che era iniziata con Hegel e Fichte, dopo che le sue richieste erano state a malapena attuate. Così, anche letterariamente, la volontà di guardare il mondo così com'è è arrivata al centro.

Prima di tutto, è necessario chiarire alcune difficoltà concettuali. Il realismo non rappresenta una riproduzione maldestra di tutti gli eventi, ma piuttosto, in determinate circostanze, assembla una nuova realtà da sezioni della realtà. Termini come realismo *borghese* o *poetico* indicano già l'interpretazione sfaccettata del realismo. Il primo mira a raffigurare non solo il mondo materiale, ma anche una realtà morale che, in base al suo tempo, enfatizzava soprattutto il valore del lavoro e dell'istruzione, nonché una vita assimilata. Il realismo poetico, invece, mette i metodi di lavoro e le tecniche letterarie al servizio dell'arte, che deve essere intesa come tale. Spesso combina un approccio narrativo soggettivo con l'imitazione della realtà sociale.

Inoltre, il realismo può essere diviso in due fasi decisive, la prima delle quali era legata alla religione di Ludwig Feuerbach filosofia, che si basava sulla solidarietà reciproca di fronte all'assenza di dimora trascendentale e vedeva l'uomo come Dio per l'uomo. L'industrializzazione, inizialmente accolta positivamente, rafforzò questo atteggiamento autoemancipatorio. Tuttavia, con l'aumento dei problemi sociali e lo sviluppo delle teorie evoluzionistiche di Alfred Russel Wallace e Charles Darwin, lo stato d'animo ottimista lasciò il posto a una certa rassegnazione che vedeva l'uomo soggetto a vincoli biologici e sociali dai quali non poteva liberarsi.

I rappresentanti tedeschi di questa corrente pan-occidentale furono Theodor Storm, Adalbert Stifter, C. F. Meyer, Gottfried Keller e, come protagonista più importante, Theodor Fontane, i cui romanzi sociali *Irrungen, Wirrungen* (1888), *Frau Jenny Treibel* (1892) ed *Effi Briest* (1895) modellarono in modo decisivo il realismo poetico e lo completarono con *Effi Briest*.

Mentre nel realismo l'esagerazione poetica della realtà e la sua rappresentazione vincolata allo scopo erano decisive, l'obiettivo dei naturalisti divenne quello di rappresentare tutte le sfaccettature della realtà senza omettere gli episodi presumibilmente negativi. Si basava su una comprensione della scienza che presupponeva che tutto potesse essere spiegato, e questo positivismo fu trasferito anche all'individuo, che è legato alle sue condizioni determinate dall'origine sociale e dall'ereditarietà e agisce in modo prevedibile.

Lo scrittore Arno Holz identificò il tipo ideale di testo naturalistico nella formula *arte = natura - x,* dove *x* rappresenta l'influenza artistica da mantenere il più possibile ridotta. Il movimento letterario, che durò poco, si formò come reazione ai problemi sociali causati dall'avanzare dell'industrializzazione e dalla crescente urbanizzazione. I naturalisti tedeschi intorno a Gerhart Hauptmann, Arno Holz, Frank Wedekind e Hedwig Dohm si ispirarono a modelli internazionali come Émile Zola. La questione sociale veniva spesso discussa e la realtà della vita dei lavoratori veniva rappresentata nel modo più accurato possibile (il dramma di Gerhart Hauptmann *I tessitori* ne è un buon esempio). Anche le numerose particolarità linguistiche sono state riprodotte senza commenti, ad esempio, nel dramma più importante di Hauptmann, il dialetto della Slesia e il socioletto dei tessitori.

Lo stile del naturalismo è innanzitutto il suo stretto legame con la scienza, che i poeti cercano di riprodurre nella realtà in modo empiricamente corretto e fedele. Nel farlo, utilizzano essi stessi metodi scientifici. L'autore come artista si ritira sullo sfondo; cerca invece di procedere in modo documentario, per cui rinuncia alla sua individualità e soggettività, almeno in parte. Il poeta appare come uno scienziato letterario che vede l'essere umano nella sua situazione attuale come il risultato finale delle sue origini sociali o biologiche e quindi fa riferimento al socialismo di Karl Marx e alla teoria dell'evoluzione.

Con il rapido tramonto del naturalismo in Germania, provocato in parte dalle leggi socialiste approvate nel 1890 e dalla presunta soluzione alla questione sociale che ne derivava, cominciarono a diffondersi molte correnti letterarie diverse, che vengono comunemente sussunte sotto il termine *modernismo.*

MODERNO

Di seguito tratteremo tre tendenze principali della letteratura moderna di fine secolo: la Fin de Siècle, che assorbiva ed esprimeva artisticamente il sentimento del tempo, e gli stili dell'Impressionismo e dell'Espressionismo che vi confinavano.

La Fin de Siècle, o fine del secolo, è nata nel mondo francofono, ma è stata rapidamente adattata come descrizione di un'epoca per l'intera cultura europea. Come movimento artistico, raccolse i sentimenti e gli impulsi contraddittori e diede loro voce. La fine del XIX secolo fu segnata dal nazionalismo e dalle tendenze alla demarcazione, che portarono con sé una situazione internazionale sempre più tesa. La paura del futuro e la fiducia si mescolavano con uno stato d'animo fatalista della fine dei tempi, che corrispondeva alla situazione generale degli autori, che si vedevano sottoposti alla costrizione del mercato.

Hugo von Hofmannsthal, che da sedicenne agitava la scena letteraria viennese con lo pseudonimo di Loris, potrebbe rappresentare in modo parabolico la dicotomia della fin de siècle. Nel suo primo sonetto *Was ist die Welt? (Che cos'è il mondo?)*, sembra ancora speranzoso, vedendo il mondo titolare come "dotato di una sua bellezza non consacrata". Qualche anno dopo, nella poesia *Das Zeichen (Il segno)*, suona molto diverso:

> "E se porta un cartello,
> Un segno cremisi,
> Dovrebbe anche sbiadire,
> Andrebbe anche lì!".

La transitorietà e la rassegnazione, anche di fronte alla ribellione speranzosa, contrastano il sonetto giovanile e mostrano chiaramente la dicotomia tipica dell'epoca all'interno di una persona.

Quando pensiamo all'Impressionismo, pensiamo immediatamente alle ninfee di Claude Monet, di cui ha prodotto immagini in un'ampia varietà di costellazioni di luci e ombre. Otto F. Best traccia il seguente collegamento con la pittura impressionista nel suo libro su Impressionismo e Simbolismo: "Allo stesso modo, l'Impressionismo letterario può essere descritto come l'arte del sentimento personale momentaneo: a partire dall'esperienza che le cose come sono 'realmente' non possono essere riprodotte artisticamente, l'impressionista raccoglie le impressioni soggettive di sezioni del mondo e le modella - per lo più in poesie liriche [...]".

Questa definizione molto azzeccata si realizza quando si osservano le opere più importanti degli impressionisti, tra le quali la più popolare è certamente la *Recherche* di Marcel Proust. Nel mondo di lingua tedesca, spiccano Stefan George, il cui verso più famoso può essere letto quasi come una guida all'Impressionismo ("Komm in den totgesagten park und schau"), ed Eduard von Keyserling, tra gli altri.

Come epoca più fortemente inserita nella tradizione della Fin de Siècle, l'Espressionismo è stato sinonimo di rinnovamento e di impegno antinazionalista nella letteratura. Le poesie trattavano sempre più spesso i problemi della grande città e i testi non avevano più solo occasionalmente una nota socialmente critica.

Riviste come *Brenner fornivano sbocchi per le* produzioni letterarie degli espressionisti, che perseguivano un programma di liberazione dalle pastoie sociali e storiche. La poesia che agì come scintilla iniziale dell'Espressionismo fu *Weltende* di Jakob van Hoddis, pubblicata nel 1911. Con numerose immagini dirompenti, ritrae la frammentazione della vita della città moderna in soli otto versi.

Nonostante un chiaro orientamento, l'ampio campo dell'Espressionismo permetteva un'elevata gamma individuale. Georg Trakl era vicino al Simbolismo con le sue poesie enigmatiche sul mitico e sul numinoso, i cui codici non possono essere completamente decifrati, mentre Gottfried Benn ruppe in modo più radicale con le nozioni tradizionali di valore e moralità quando pubblicò *Morgue e altre poesie nel* 1912, stabilendo così un'estetica del brutto.

La poesia delle grandi città come sottocategoria dominante è stata fondata nell'Espressionismo e ha raggiunto direttamente il suo apice assoluto. Un esempio sarà citato qui sotto forma di *Sulla terrazza del Café Josty* di Paul Boldt:

"Potsdamer Platz in eterno ruggito
I ghiacciai fanno tutti da eco alle valanghe
Il ciclo stradale: tram su rotaie di ferro
Le automobili e i rifiuti umani.

Le persone corrono sull'asfalto,
Ant-emsig, agili come lucertole.
Fronte e mani, sbattono le palpebre con i pensieri,
nuotano come la luce del sole attraverso la foresta oscura.

> La pioggia notturna avvolge la piazza in una grotta,
> Dove i pipistrelli, bianchi, sbattono le loro ali
> E le meduse viola giacciono - oli colorati;
>
> Si moltiplicano, tagliati dai vagoni.
> Schizzi Berlino, il nido scintillante del giorno,
> Dal fumo della notte come dal pus di una piaga".

I legami naturali con cui Boldt cerca di catturare in versi il mostro della grande città sono, ovviamente, in grande contraddizione con la vita tecnicamente sovraformata dell'abitante della città. Anche l'insignificanza e l'abbandono delle persone sono accennati, soprattutto nella seconda strofa. Infine, la città è associata alla malattia e alla rovina, il che permette al sonetto di essere un esempio archetipico di poesia espressionista.

Dopo che le tensioni politiche in Europa si sono scatenate nella Prima Guerra Mondiale, la prima democrazia tedesca della Repubblica di Weimar ha dato vita a nuove letterature.

LETTERATURA DELLA REPUB-
BLICA DI WEIMAR

Il 9 novembre 1918, il politico della SPD Philipp Scheidemann proclamò la Repubblica dal balcone del Reichstag, al fine di prevenire le possibili idee rivoluzionarie del KPD e dell'USPD, che si erano riunite intorno a Karl Liebknecht e Rosa Luxemburg. Dopo il loro assassinio nel 1919, che provocò tumulti e sommosse che furono sedati dalle truppe imperiali e dai Freikorps, la Repubblica di Weimar iniziò a consolidarsi come repubblica democratica. Tuttavia, l'inflazione, innescata dai finanziamenti per la guerra e che continuò a crescere dopo la perdita della guerra, portò all'iperinflazione nel 1923, l'anno del colpo di Stato di Hitler.

La Germania non poteva più pagare le riparazioni e i salari non erano adeguati ai costi in rapido aumento. La minaccia di disordini politici fu allontanata solo da un nuovo inizio radicale sotto il Cancelliere del Reich Gustav Stresemann. Gli anni successivi videro i cosiddetti Anni d'Oro, che furono percepiti come un matrimonio culturale nella metropoli di Berlino in particolare. Si conclusero con il Giovedì Nero della Borsa di New York e il

Venerdì Nero delle Borse europee, che innescarono prima l'inflazione e poi una deflazione ancora più fatale che favorì la presa del potere da parte dei Nazionalsocialisti.

La tendenza letteraria più importante della giovane Repubblica divenne la nuova oggettività, che era legata al naturalismo ma aveva abbandonato la sua idea di una scienza positivista onnicomprensiva. Fu proprio l'aggiunta di una consapevolezza disillusa delle condizioni politiche e sociali a distinguerla dal naturalismo, che eliminò il poeta. Gli approcci pratici alla vita e l'armatura dei lettori per la società moderna erano preoccupazioni importanti degli autori, che spesso si esprimevano anche risolutamente a favore della democrazia e cercavano di suscitare un certo entusiasmo nei loro destinatari. La poesia e la versificazione avevano un ruolo minore rispetto alla riproduzione esatta dell'osservazione, come postula Joseph Roth nella prefazione di un romanzo: "Non si tratta più di 'scrivere poesie'. La cosa più importante è ciò che si osserva".

Il genere del romanzo, che stava cercando di rifiorire, godeva di grande popolarità sia tra gli scrittori che tra il pubblico dei lettori ed era strettamente legato alla realtà della vita nella Repubblica di Weimar, che veniva ritratta il più fedelmente possibile in conformità con lo stile dell'epoca.

L'affermazione "la *forma segue la funzione"*, *che è* ancora popolare oggi, potrebbe derivare dalla Repubblica di Weimar, perché il contenuto era più importante per i poeti rispetto all'abbellimento formale delle loro opere. Inoltre, i personaggi erano spesso caratterizzati come tipi piuttosto che come individui indipendenti, per semplificare la rappresentazione di una classe sociale piuttosto che la situazione personale. Il romanzo di gran lunga più importante della Nuova Oggettività, che per così dire la trascende, è *Berlin Alexanderplatz* di Alfred Döblin del 1929, che descrive la vita di Franz Biberkopf.

Analogamente alla poesia epica, l'epoca sviluppò anche una poesia lirica indipendente, caratterizzata da un uso innovativo del linguaggio e dalla combinazione del triviale e del comico con l'alta cultura. Kurt Tucholsky ed Erich Kästner, ingiustamente conosciuto soprattutto come autore per bambini, furono i principali sostenitori di questo stile poetico, noto anche come Gebrauchslyrik, in cui combinavano scene quotidiane con un sottile significato più profondo, che spesso si esprimeva in una sottile ironia o in una pura comicità. Un altro importante rappresentante di questo stile è la poetessa Mascha Kaléko, nella cui poesia è più evidente il dolore degli autori sopra citati, che tende ad essere nascosto o esagerato.

Dopo l'introduzione del suffragio femminile nel 1919, sempre più donne celebrarono il successo nella letteratura. Due delle autrici più importanti durante la Repubblica di Weimar furono Vicky Baum e Irmgard Keun. La prima ottenne un grande successo finanziario con i suoi romanzi, che oscillavano tra la letteratura d'intrattenimento e quella di alto livello, ma fu sempre vista con sospetto dai critici letterari. Sebbene le venissero attribuite alcune qualità letterarie, essi obiettavano che fosse troppo vicina al kitsch e alla banalità. La stessa Baum, che fu accusata postuma di tendenze omofobiche e misogine, sapeva come porsi in modo autoironico e parlava di sé come di una "scrittrice di prima classe di seconda categoria".

La situazione era un po' diversa per Irmgard Keun: sebbene i suoi primi due romanzi *Gilgi, eine von uns* e *Das kunstseidene Mädchen fossero stati un* successo finanziario alla fine della Repubblica di Weimar e fossero stati accolti positivamente anche dalla critica, la situazione di Keun all'epoca del regime nazista era più difficile di quella di Vicky Baum, che rimase negli Stati Uniti dopo l'adattamento cinematografico del suo bestseller mondiale *Menschen im Hotel.*

Irmgard Keun emigrò prima in Belgio e nei Paesi Bassi, dove continuò a pubblicare in case editrici in esilio, prima di tornare illegalmente in Germania. Dopo la fine della Seconda Guerra Mondiale, tuttavia, non trovò alcun legame con la scena letteraria della Germania Ovest e si impoverì. Solo poco prima della sua morte, lei e il suo lavoro furono riscoperti. Negli ultimi anni, ampie parti del suo lavoro sono state pubblicate come tascabili da Ullstein Verlag e gli studiosi di letteratura hanno riconosciuto non solo il grande valore di intrattenimento dei romanzi di Keun, ma anche il loro significato letterario.

Gli autori che rimasero in Germania crearono poco di significativo all'epoca del Nazionalsocialismo - con la possibile eccezione di Benn e Kästner - ed è per questo che nel prossimo capitolo analizzeremo la letteratura dell'esilio in lingua tedesca, per capire quale drastica perdita abbia significato per la letteratura tedesca l'esilio forzato di così tanti autori importanti.

LETTERATURA DELL'ESILIO

Dopo la presa del potere da parte dei nazionalsocialisti nel 1933, molti scrittori inizialmente cercarono di trovare la loro strada sotto i nuovi auspici politici. Questa trama cambiò per la maggior parte nel corso dei roghi di libri, in cui le opere di artisti non ariani e cosiddetti degenerati andarono in fiamme il 10 maggio. A ciò seguì l'emigrazione di molti autori che erano in pericolo a causa delle loro origini o delle loro opinioni politiche verso altri Paesi europei e internazionali. Tuttavia, quando i nazisti iniziarono ad annettere i territori, coloro che vi erano fuggiti si trovarono nuovamente di fronte alla questione di dove poter fuggire. A volte le norme draconiane sull'ingresso rendevano la fuga ancora più difficile. La situazione si deteriorò ulteriormente con l'inizio della Seconda Guerra Mondiale nel 1939, quando i poeti che pensavano di essere al sicuro in Francia, Belgio o Paesi Bassi dovettero cercare rapidamente di raggiungere la Gran Bretagna o gli Stati Uniti. Anna Frank è l'esempio più famoso di come anche coloro che erano emigrati furono catturati e deportati nel corso delle guerre di conquista naziste.

Anche dopo la fine della guerra, c'era grande incertezza tra gli emigranti. Alcuni di loro tornarono in Germania, ma non furono accolti solo con entusiasmo. La giovane Germania del dopoguerra mal sopportava la loro lotta intellettuale contro il regime nazista. Gli autori che rimasero all'estero continuarono ad affrontare i problemi familiari che non si attenuarono dopo la vittoria degli Alleati.

Le possibilità di pubblicare i loro testi erano limitate per i circa 1500 scrittori esiliati, perché non esistevano quasi riviste di letteratura in lingua tedesca. Con la disintegrazione dell'eterogenea scena letteraria tedesca e della sua diaspora, andarono perse anche le istituzioni e le piattaforme che gli emigranti avevano potuto utilizzare in precedenza. Inoltre, molti erano riusciti a fuggire solo con documenti falsi e, dopo l'esilio, si erano visti negare la cittadinanza tedesca.

Dovevano quindi sottostare ai dettami delle rispettive autorità di immigrazione e venivano costantemente minacciati di revocare il loro visto o di porre fine alla loro tolleranza. Oltre alla paura permanente della deportazione e delle grinfie del regime nazista, molti degli emigranti erano visti come potenziali informatori dalla rispettiva popolazione e venivano quindi accolti con ostilità. A livello materiale, tutto questo ha portato al fatto che solo pochissimi poeti esiliati sono stati in grado di assicurarsi il sostentamento attraverso la scrittura, e molti hanno avuto grossi problemi finanziari. A livello emotivo, il periodo non era meno impegnativo, i traumi psicologici erano molto comuni e alcuni artisti emigrati dalla Germania si sono suicidati.

Solo a causa dell'ampia distribuzione geografica, difficilmente gli esuli avrebbero potuto trovare uno stile comune con una base poetica corrispondente. Tuttavia, non c'era quasi alcun interesse in questo senso. Nella loro opera letteraria, la maggior parte di loro ha seguito il percorso già intrapreso prima del 1933.

Il romanzo era di gran lunga la forma più popolare di espressione letteraria, in gran parte perché aveva maggiori prospettive di vendita rispetto ad altri tipi di testi e accomodava il pubblico internazionale con le sue abitudini di lettura. Spesso affrontavano il Terzo Reich, descrivendone la preistoria e la condizionalità o pensandolo fino alla sua fine catastrofica. Un altro modo di trattare gli eventi in Germania era il romanzo storico, in cui alcuni eventi storici venivano analogati a quelli del Terzo Reich. Un'altra variante di questo tipo di romanzo era la vera e propria concentrazione sul materiale storico, che si diceva avesse tendenze escapiste. Va menzionato anche il romanzo autobiografico, in cui la storia della propria vita viene illuminata sullo sfondo degli eventi epocali dell'epoca. Un esempio eccezionale è l'ultima opera completata di Stefan Zweig, *Il mondo di ieri*.

Il dramma e la poesia non hanno quasi mai avuto un ruolo nella letteratura dell'esilio, che era molto legata a problemi pratici. Fondamentalmente, però, si può dire che questi due generi erano dominati da poeti che avevano già raggiunto la ribalta nella Repubblica di Weimar.

Molti degli scrittori esiliati cercarono di esprimere il loro rifiuto del regime nazista in modo attivo. Il tentativo più grande fu fatto dal più famoso di loro, Thomas Mann. In 55 discorsi radiofonici sotto il titolo di "Deutsche Hörer" (ascoltatori tedeschi), egli inviò appelli alla resistenza e riflessioni sugli eventi attuali ai tedeschi tramite la BBC. Le puntate, della durata di cinque-otto minuti, venivano inviate tramite onde lunghe, in modo che fosse possibile ascoltarle con i Volksempfänger. Anche se la loro influenza non può essere tassata, non erano del tutto privi di effetto, come dimostra la denigrazione di Mann da parte di Hitler.

Dalla fondazione della Repubblica Federale e della DDR nel 1949, sono successe molte cose nella letteratura che siamo ancora troppo vicini storicamente per poterle classificare più da vicino. Per questo motivo, il capitolo sulla "Letteratura contemporanea" copre il più possibile ciò che è accaduto a livello letterario in Germania negli ultimi decenni.

LETTERATURA CONTEMPORANEA

Il primo genere ad affermarsi in Germania dopo la Seconda Guerra Mondiale fu la cosiddetta Trümmerliteratur (letteratura delle macerie), che passò alla letteratura del dopoguerra. La Trümmerliteratur era caratterizzata da un uso laconico del linguaggio, il cui scopo era liberare il tedesco dalla zavorra nazionalsocialista. La vicinanza alla vita richiesta dagli autori è radicata nel forte bisogno di sicurezza e di soluzioni pratiche che definiva l'immediato dopoguerra.

La letteratura del dopoguerra, invece, è una descrizione più cronologicamente orientata delle correnti letterarie e comprende varie forme e idee stilistiche. Mentre la letteratura della DDR si concentrava in gran parte sul trasporto del nuovo Stato socialista, nella Germania Ovest emersero varie forme di gestione dell'eredità dei decenni precedenti. I panorami sociali socialmente critici di Böll si affiancavano alla poesia ermetica di Paul Celan.

Negli anni '50, Eugen Gomringer ha gettato *le* basi della poesia concreta nel mondo di lingua tedesca con il suo testo *vom vers zur konstellation*. Il suo obiettivo è quello di staccare la parola dal suo contenuto ermeneutico e farla funzionare come un oggetto concreto nel suo design fonetico e visivo. Giocare con gli elementi del significato fa parte della poesia concreta tanto quanto la disposizione delle parole o dei gruppi di lettere. In tutta disinvoltura, le creazioni poetiche stimolano il dibattito sul significato e sulla percezione, come dimostra il seguente breve testo di Eugen Gomringer:

silenzio silenzio silenzio

silenzio silenzio silenzio

silenzio silenzio

silenzio silenzio silenzio

silenzio silenzio silenzio

In questa poesia, il significato del termine può essere raggiunto da un lato attraverso la conoscenza della parola, ma dall'altro anche attraverso l'elemento puramente visivo dello spazio vuoto.

La poesia concreta era particolarmente diffusa nei circoli poetici del Gruppo di Vienna e della Scuola di Stoccarda. Oltre a Gomringer, Ernst Jandl e Helmut Heißenbüttel sono tra i rappresentanti più importanti.

Dopo aver superato il periodo post-bellico e l'iniziale ammissione di colpa tedesca, negli anni Settanta si sviluppò una letteratura che il famoso critico Marcel Reich-Ranicki descrisse come una nuova soggettività e che si concentrava sulla rappresentazione di sogni personali e problemi privati. Questo era in contrasto con la letteratura politicamente e socialmente impegnata della fine degli anni '60, che era anch'essa predominante, ma anche con una poetica impegnata nella sperimentazione letteraria che traeva ispirazione dal modernismo classico. Anche se la critica sociale veniva espressa, era sempre incorporata nell'esperienza personale. Questo sviluppo è sbocciato, ad esempio, con *Nachdenken über Christa T.* di

Christa Wolf, apparso nel 1968. L'auto-riconoscimento e lo sguardo sulla propria psiche erano gli approcci che definivano i nuovi autori soggettivi.

"Allora, tutto inizia con me che mi trovo a Fisch-Gosch a List on Sylt e bevo un Jever dalla bottiglia. Fisch-Gosch è un banco di pesce che è così famoso perché è il banco di pesce più a nord della Germania. Si trova in cima a Sylt, proprio sul mare, e si pensa che ci sia un confine in arrivo, ma in realtà è solo un banco del pesce. Quindi mi fermo lì a Gosch e bevo uno Jever. Poiché fa un po' freddo e c'è un vento da ovest, indosso una giacca Barbour con una fodera interna. Nel frattempo, mangio la seconda porzione di scampi con salsa all'aglio, anche se stavo già male dopo la prima. Il cielo è azzurro. Ogni tanto una nuvola spessa si spinge davanti al sole. Prima ho incontrato di nuovo Karin. Ci conosciamo ancora da Salem, anche se allora non parlavamo, e l'ho vista qualche volta al Traxx di Amburgo e al P1 di Monaco".

Questo è l'inizio del romanzo *Faserland* di Christian Kracht, pubblicato nel 1995 e considerato una pietra miliare della letteratura pop. Ciò è dovuto in parte ai riferimenti pop-culturali contenuti nel nome, ma ad un esame più attento non si può dire che sia privo di pretese. In linea di massima, la letteratura pop è qualsiasi letteratura che emerge sotto i meccanismi di mercato del tardo capitalismo e affronta il suo presente di conseguenza.

E oggi? Oggi, nella letteratura accadono molte cose che possono essere riassunte solo come correnti in retrospettiva. Che si affronti il ruolo delle donne e delle madri, come nel lavoro di Anke Stelling, che le esperienze di discriminazione siano collegate alla critica sociale, come nel lavoro di Deniz Ohde, che il Paese e la propria vita siano affrontati con un nuovo tipo di arguzia, come nei romanzi di Sasa Stanisic, o che la sottigliezza del linguaggio e l'esperienza poetica della realtà siano al centro, come nel lavoro di Peter Handke: la diversità della letteratura tedesca contemporanea è grande.

Poeti tedeschi, pensatori tedeschi: tre esempi

In realtà, è un'impresa impossibile individuare solo tre dei numerosi grandi intellettuali tedeschi. D'altra parte, concentrarsi più da vicino su Friedrich Schiller, Rainer Maria Rilke e Daniel Kehlmann permette di presentare le loro opere complete e di offrire una migliore panoramica dell'intera opera dei tre autori scelti. Dopo una presentazione delle circostanze della vita dei tre autori,

l'opera viene trattata in modo più dettagliato in ci-
ascun caso, con enfasi diverse.

FRIEDRICH SCHILLER

Il poeta di Marbach nacque il 10 novembre 1759
come figlio di un ufficiale. Dopo due traslochi,
Schiller divenne membro della scuola di latino a
Ludwigsburg. Alla Karlsschule, a cui dovette iscri-
versi per volere del duca, si occupò dello studio del
diritto mentre lui e i suoi compagni di scuola erano sottoposti a esercitazioni militari. In seguito
cambiò campo e si dedicò alla medicina; in quel
periodo iniziò anche a studiare più intensamente
la letteratura. Dopo diversi tentativi di tesi, Schiller fu finalmente assunto come medico militare
con un dottorato in un reggimento dell'esercito del
Württemberg, ma non fu mai completamente sod-
disfatto di questo incarico.

Nel 1781, Schiller completò la sua opera *Die
Räuber (I ladri), che* aveva iniziato qualche anno
prima e che fu rappresentata per la prima volta a
Mannheim un anno dopo. A causa delle varie tras-
gressioni di Schiller alle regole e ai battibecchi

politici, il conflitto tra lui e il Duca arrivò al culmine, fino a quando Schiller fu costretto a fuggire da Stoccarda, poiché gli era stato proibito di scrivere in modo non medico. Questo segnò l'inizio di anni di incertezza per lui. Trovò rifugio in un villaggio della Turingia e continuò la sua attività di scrittore. Dopo aver seguito una chiamata a Mannheim come poeta teatrale nel 1784, dovette spostarsi un anno dopo e si ritrovò nei dintorni di Lipsia e Dresda nel 1785, dove rimase fino al 1788.

Qui completò il suo *Don Karlos* e scrisse l'Inno *alla gioia*, prima di essere nominato professore associato all'Università di Jena nel 1789. La sua precaria situazione finanziaria migliorò e sposò Charlotte von Lengsfeld. Poco dopo il matrimonio, tuttavia, si ammalò gravemente, probabilmente di tubercolosi, dalla quale non si riprese fino alla fine della sua vita. Per quanto riguarda il suo lavoro, gli ultimi dieci anni della sua vita furono i più fruttuosi, anche grazie alla sua stretta amicizia con Goethe. Schiller si trasferì con la famiglia a Weimar nel 1799, dove morì a circa quarant'anni dopo una grave malattia nel 1805.

Passiamo prima alla poesia di Schiller, che era già tenuta in scarsa considerazione dai suoi contemporanei rispetto a Goethe. Il rimprovero dei critici era che Schiller cercava troppo di catturare affermazioni filosofiche e morali in forma lirica, e nel farlo troppo spesso scivolava nel banale e nel triviale. Questo può essere vero per singole poesie, ma ci sono esempi altrettanto eccezionali che confermano il genio di Schiller e la sua fama di poeta. Uno di questi è la ballata *Die Bürgschaft, la cui* prima strofa testimonia l'abilità con cui Schiller sapeva gestire le forme liriche:

"Damon si avvicinò a Dioniso, il tiranno, con
un pugnale nella veste:
gli scagnozzi lo misero in catene:
'Cosa volevi fare con il pugnale? Parla!
L'uomo feroce gli rispose cupamente:
'Per liberare la città dal tiranno!
' 'Te ne pentirai sulla croce'".

L'esposizione si conclude con questa prima strofa, l'eroe della ballata è stato presentato ai lettori e il suo destino è noto anche a noi. Con il progredire della trama, Damon chiede al tiranno un po' di tempo per sposare sua sorella, lasciandogli come garante il suo migliore amico, che dovrà morire al suo posto se tornerà troppo tardi. Il sovrano acconsente e Damon sta tornando in tempo per liberare il suo amico, ma ogni tipo di avversità lo ostacola: un cambiamento del tempo e dei ladri causano molteplici ritardi. Qui, la morale della lealtà incondizionata come ideale intesa da Schiller è chiaramente evidente, ma non sembra pesante o eccessivamente patetica, il che fa onore allo stile di Schiller. Damon riesce finalmente ad arrivare in tempo e il re, impressionato dalla loro amicizia, gli chiede di accettare anche lui come amico.

Tuttavia, i drammi di Schiller sono stati senza dubbio i più importanti per la letteratura tedesca, i più famosi dei quali sono *Wilhelm Tell, Kabale und Liebe* e *Die Räuber.*

Friedrich Schiller, con i suoi versi perfettamente formati in poesia e in teatro, è un autore che ognuno di voi dovrebbe scoprire da solo.

RAINER MARIA RILKE

Quando si sente il nome di questo poeta austriaco, vengono prima di tutto in mente le sue poesie più conosciute, *La pantera* e *Giorno d'autunno*, ma la gamma letteraria di uno dei poeti più importanti della modernità comprende anche, oltre alle poesie, racconti, lettere, testi di estetica e un romanzo.

Rilke nacque il 4 dicembre 1875 in Boemia, che allora faceva parte dell'Austria-Ungheria.

Visse un'infanzia infelice a Praga, segnata dal fallimento professionale del padre e dal dolore della madre per la morte prematura della sorella maggiore. La madre non riusciva a superare la perdita e spinse Rilke nel ruolo della sorella.

Dopo aver frequentato le scuole elementari, Rilke si trasferì in una scuola militare in Austria nel 1886, che però era contraria ai suoi talenti e alle sue preferenze, tanto che la lasciò dopo sei anni e frequentò un'accademia commerciale. Dopo essere stato espulso dalla scuola per una relazione amorosa, si preparò per l'equivalente austriaco dell'Abitur, la Matura, fino al 1895. Dopo aver superato l'esame di maturità, iniziò a studiare nella sua città natale, prima di trasferirsi un anno dopo a Monaco, presso la rinomata Università Ludwig Maximilian. Un incontro chiave per Rilke nel 1897 fu l'incontro con Lou Andreas-Salomé, di quattordici anni più grande di lui, di cui si innamorò e su consiglio della quale cambiò il suo nome di battesimo da René a Rainer. La sua relazione durò tre anni, ma lei rimase una compagna molto importante fino alla sua morte. Dopo aver seguito Andreas-Salomé a Berlino, Rilke intraprese diversi viaggi, prima da solo in Italia e a Worpswede, poi nel 1899 e nel 1900 in Russia con la coppia Andreas-Salomé. Durante il primo viaggio incontrò Lev Tolstoj a Mosca, nel secondo per caso l'importante poeta Boris Pasternak.

Dopo la separazione da Lou Andreas-Salomé, sposò Clara Westhoff nel 1901, ma abbandonò la vita familiare subito dopo la nascita della figlia e si trasferì a Parigi. Si trovò perennemente in una situazione finanziariamente precaria, ma questo fu accompagnato da influenze e stimoli formativi che fecero di Parigi la sua seconda casa.
Rilke trovò un nuovo editore in Anton Kippenberger di Insel-Verlag, per il quale divenne il più importante autore contemporaneo. Dopo aver

completato il suo unico romanzo, *Le note di Malte Laurids Brigge, nel* 1910, entrò in una crisi di scrittura che, sebbene avesse iniziato le sue fondamentali *Elegie di Duino,* fu aggravata dallo scoppio della Prima Guerra Mondiale e dall'entrata di Rilke nel servizio militare nel 1916.

Nel 1919, Rilke si recò da Monaco in Svizzera con il desiderio di continuare a lavorare alle sue elegie. A Zurigo incontrò Nanny Wunderly-Volkart, che lo sostenne come mecenate e attraverso il cui cugino la residenza che Rilke trovò dopo due anni fu messa a disposizione del poeta gratuitamente. Qui completò finalmente le *Elegie di Duino* e i *Sonetti a Orfeo in* breve tempo, nel 1922, che rappresentano un punto culminante della sua opera.

A partire dal 1923, la salute di Rilke peggiorò notevolmente, motivo per cui si recò più volte in un sanatorio e cercò anche di contrastare la sua indisposizione trasferendosi a Parigi per un breve periodo. Nel periodo fino alla sua morte, avvenuta alla fine del 1926, scrisse una serie di poesie e opere in lingua francese che rimasero isolate.

Rainer Maria Rilke fu sepolto vicino alla sua ultima residenza in Svizzera il 2 gennaio 1927.

Il lavoro di Rilke è fortemente influenzato dalle riflessioni filosofiche di Arthur Schopenhauer e Friedrich Nietzsche, che ricevette in giovane età. Dopo un viaggio in Oriente, Rilke si interessò sempre più all'Islam, criticando la mancanza di riferimenti a questo mondo da parte del Cristianesimo. Può essere visto come un rappresentante del trascendentale, nella misura in cui rifiuta una fede puramente positivista nella scienza. D'altra parte, in lui è inscritto un profondo scetticismo, come si può già vedere dalla prima riga della prima delle Elegie di Duino:

> "Chi dunque, quando ho gridato, mi ha ascoltato tra gli ordini degli angeli?".

Nel complesso, Rilke è giustamente considerato uno dei poeti tedeschi più importanti del XX secolo, le cui *Lettere a un giovane poeta* e Poesie sono state accolte in tutto il mondo.

DANIEL KEHLMANN

L'ultimo autore che vale la pena leggere, Daniel Kehlmann, è nato a Monaco il 13 gennaio 1975. Viene presentato sulla base delle sue opere, che producono un percorso di sviluppo letterario tutto suo.

Nel 1997, Daniel Kehlmann si affaccia sulla scena letteraria con la sua opera prima *Beerholms Vorstellung*. L'allora ventiduenne fu molto apprezzato dal feuilleton, ma la gente obiettò su una presunta mancanza di sovranità e di sicurezza stilistica. Kehlmann narrò la biografia fittizia del mago Arthur Beerholm, che riflette sulla sua vita e si rivolge come figura narrativa a una donna misteriosa che rimane stranamente sfocata. Un'interessante introduzione al lavoro di Kehlmann.

Ha seguito il suo romanzo d'esordio nel 1998 con la raccolta di racconti *Sotto il sole*, le cui otto storie si concentrano sul desiderio dell'uomo di trascendere l'esistenza. Le storie più forti del volume sono *Pyr*, che parla di un elettricista televisivo che appicca il fuoco, *Töten* e il racconto omonimo *Unter der Sonne*, ma anche gli altri contributi del volume testimoniano l'alto livello letterario di Kehlmann.

Dopo il romanzo del 1999 *Il tempo di Mahler,* Daniel Kehlmann ha pubblicato la novella *Der fernste Ort (Il luogo più lontano) con* Suhrkamp nel 2001, in cui il protagonista Julian cerca di sfuggire alla sua vita precedente, che viene rappresentata in flashback. Dal punto di vista tematico, ci sono legami con *Sotto il sole*; inoltre, l'autore continua il realismo magico coltivato fin dal suo esordio. All'epoca, i critici letterari non riconobbero la doppia struttura ambivalente della novella, come Kehlmann stesso notò nelle opere successive di letteratura popolare.

Il suo terzo romanzo, *Ich und Kaminski,* è stato pubblicato nel 2003 ed è uno dei migliori romanzi della letteratura tedesca contemporanea, una grandiosa commedia comica sullo storico dell'arte Sebastian Zöllner, che vuole incrementare la sua carriera scrivendo una biografia di Manuel Kaminski, un famoso pittore. Nel corso della sua conoscenza con Kaminski, tuttavia, viene rivelata la sua ignoranza, contraddicendo ciò che dice su se stesso. Una delizia letteraria e di intrattenimento.

Solo due anni dopo, Kehlmann portò sul mercato il suo romanzo di maggior successo, la fiction storica *La misura del mondo, sui* due geni universali tedeschi Alexander von Humboldt e Carl Friedrich Gauß. La peculiarità stilistica di questo bestseller mondiale è il dialogo mantenuto nel congiuntivo, che è reso in tutto il discorso indiretto e conferisce al libro la sua qualità comica.

Nel 2007, ha pubblicato *Ruhm - Ein Roman in neun Geschichten (Fame - Un romanzo in nove storie)*, probabilmente la sua opera migliore. L'abile gioco postmoderno di Kehlmann con la realtà e la finzione, in cui i personaggi si collegano tutti in un certo modo attraverso il concetto di fama, è una pietra miliare della letteratura tedesca. Kehlmann riesce a collegare sottilmente i vari episodi e quindi a rispecchiare formalmente il mondo di Internet. Nel suo parziale mistero, il libro ricorda film come *Pulp Fiction* di Quentin Tarantino.

In *F* del 2013, il poeta si dedica ancora una volta al mondo dell'arte, ma questa è solo una parte tra le tante all'interno di una rete familiare. Il destino, il latino *fatum,* gioca un ruolo altrettanto importante quanto la parziale indistinguibilità tra fatto e finzione. Il libro è stato inserito nella longlist del German Book Prize.

Nel 2017 è stato pubblicato l'ultimo romanzo di Kehlmann, intitolato *Tyll, che ambienta il* personaggio di Till Eulenspiegel all'epoca della Guerra dei Trent'anni. In un rinnovato gioco di verità e finzione, vengono introdotti personaggi storicamente autentici, come lo studioso della Chiesa Athanasius Kircher, che processa il padre di Tyll come strega a causa della sua conoscenza della magia, o il poeta Paul Fleming, uno dei pionieri della poesia lirica della Nuova Alta Germania. La posizione della Chiesa viene ironizzata, ad esempio, quando i leader cattolici del processo alle streghe, Kircher e Tesimond, condannano la superstizione come un peccato e un segno di stregoneria, in accordo con la dottrina, ma ne fanno uso loro stessi. In una scena del romanzo, persino un quadrato magico citato aiuta a trovare una via d'uscita da una situazione difficile.

Daniel Kehlmann è senza dubbio un importante scrittore contemporaneo, i cui romanzi poliedrici combinano meravigliosamente il piacere della lettura e l'ambizione letteraria.

Dalle radici al futuro - Una prospettiva

"Noi stessi rimaniamo delusi e guardiamo con aria di rimprovero/ il sipario è chiuso e tutte le domande sono aperte".

Questa frase tratta dall'epilogo dell'opera teatrale di Bertolt Brecht *Il buon uomo di Sezuan* può essere applicata anche alle prospettive per il futuro della letteratura tedesca. Cosa accadrà in futuro, non lo sappiamo. Le tendenze postmoderne continueranno e culmineranno in un'avanguardia che perde di vista il suo pubblico di lettori? Ci sarà un conservatorismo letterario che resiste agli sviluppi tecnologici e forse evoca con nostalgia il mondo ideale di ieri? Oppure emergeranno delle letterature completamente nuove, portate avanti da generazioni che sono state socializzate con i social media fin dall'inizio? Non ci resta che aspettare e continuare a leggere, per godere delle nuove delizie letterarie che appaiono e per riscoprire le opere classiche. Questo sforzo non è affatto vano, perché, parafrasando una frase azzeccata del regista sovietico Andrei Tarkovsky: La lettura ci permette non solo di guardare, ma anche di vedere.